Soy George Washington

BRAD MELTZER

ilustraciones de Christopher Eliopoulos

traducción de Isabel C. Mendoza

VISTA

Soy **George Washington.**

¿Sabes cuál es una de las cosas más difíciles de la vida?
Ser el primero.

Cuando eres el primero que intenta hacer algo nuevo,
no hay nadie que te muestre el camino.

Pero de niño no fui el primero. Fui el cuarto
de nueve hermanos.

De *muy* pequeño, viví en un lugar llamado Mount Vernon. Un enorme río pasaba por el patio de mi casa, y estábamos rodeados de bosques inhóspitos.

ESTE ERA EL MUNDO PARA MÍ A LOS CINCO AÑOS.

SI QUERÍAS EXPLORAR EL BOSQUE, TENÍAS QUE SER EL PRIMERO EN METERSE ALLÍ.

¿CREES QUE TIENES EL VALOR PARA ATREVERTE, GEORGE?

TODAVÍA NO.

PERO LO TENDRÉ PRONTO.

Quizás oigas decir que yo era un niño perfecto.

Dirán que no mentí después de haber cortado un cerezo.

Pero esa historia del cerezo no es cierta.

Como a la mayoría de los niños de la época, me gustaba nadar...

pescar...

y montar a caballo.

Era buen atleta, pero nada del otro mundo.
En general, era un niño común y corriente.

Me gustaban los libros, y hasta me gustaba bailar. Era muy bueno para eso.

En la escuela, lo que mejor se me daba eran las matemáticas. Era muy bueno para redactar, pero tenía muy mala ortografía.

¿Recuerdas cuando dije que es difícil ser el primero?
Bueno, es más fácil cuando hay alguien mostrándote cómo hacerlo.

ESTE ES MI HERMANO LAWRENCE.

ERA CATORCE AÑOS MAYOR QUE YO.

NADIE INFLUENCIÓ TANTO MI VIDA COMO ÉL.

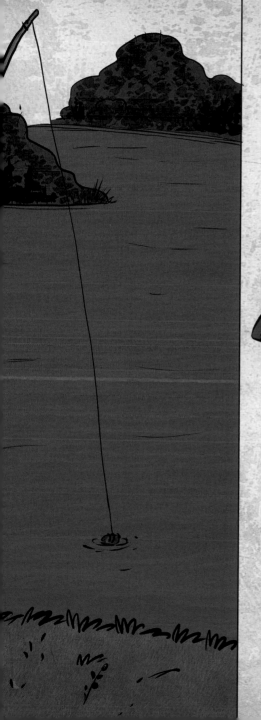

Me encantaba escuchar los relatos de sus aventuras.

Gracias a mi hermano, supe que quería ser militar.

Muy pronto, sin embargo, me di cuenta de lo incierta que puede ser la vida.

Mi padre murió cuando yo tenía once años.

No podíamos pagar mi matrícula escolar, así que mis hermanos me dieron clases en casa.

No pude asistir a la preparatoria ni a la universidad.

Pero me comprometí a aprender y desarrollarme.

Cuando cumplí quince, mi madre me dijo que tenía que buscar trabajo.

Como era bueno para las matemáticas y la precisión, me convertí en agrimensor, alguien que explora terrenos grandes para hallar sus límites.

A LOS DIECISÉIS, TRABAJÉ CON UNA FAMILIA ADINERADA DE APELLIDO FAIRFAX MIDIENDO LAS MONTAÑAS BLUE RIDGE Y EL VALLE DE SHENANDOAH.

NO HABÍA CARRETERAS...

Había algo especial en abrir
caminos; algo hermoso en hacer
lo que nadie había hecho antes.

Andar con los Fairfax me cambió la vida.
Me ayudaron a conseguir trabajo.
Yo observaba cómo vivían, cómo se vestían, cómo comían.
Hasta aprendí, y muy bien, a...

En casa de los Fairfax, comía con cubiertos de plata y en bellos platos de porcelana.

En mi casa, comía con palitos, en una hoguera. Era como si viviera en dos mundos distintos. Pero, para mí, los dos eran igual de importantes.

¿SABES QUE PODRÍAS COMER CON TUS AMIGOS RICOS TODAS LAS NOCHES?

SÍ, LO SÉ.

PERO NADA ME DETUVO.

MIENTRAS OTROS GRITABAN, YO RECORRÍA EL CAMPO DE BATALLA CALMANDO A LOS SOLDADOS.

Perdimos la batalla, pero me convertí en el comandante de las fuerzas armadas de toda Virginia.

A los veintitrés años de edad, me presenté a unas elecciones: quería ser miembro de la cámara de representantes de Virginia.

Perdí.

Así es: perdí.

LA PRÓXIMA VEZ, ME ORGANIZARÉ MEJOR.

WASHINGTON A LA CÁMARA

Pero eso no me detuvo. Lo intenté otra vez y, en esa ocasión, gané.

De hecho, fui reelegido varias veces.

Sin embargo, el mundo que yo conocía...

estaba por cambiar.

Recuerda que cuando yo era joven, Estados Unidos todavía no existía.

En aquel entonces, no había estados; solo colonias, todas controladas por Inglaterra.

Nos gobernaba el rey británico, George III.

En abril de 1775, se hicieron los primeros disparos en Massachusetts, en Lexington y Concord.
Las noticias sobre el estallido de la Guerra de Independencia tardaron ocho días en llegar a mis oídos.

¿VAMOS A DEJAR QUE LOS COLONOS DE MASSACHUSETTS LUCHEN SOLOS...

O VAMOS A UNIRNOS A ELLOS?

Fue una de las preguntas más importantes de la historia.

La respuesta se dio en una reunión llamada Segundo Congreso Continental.

Nuestras trece colonias decidieron que lucharían juntas contra el rey George III.

Solo necesitábamos un líder para la batalla.

¿Adivina a quién eligieron?

Hay quienes dicen que fue porque yo era un líder nato.
Otros dicen que fue sencillamente porque yo era el más alto.
Pero déjame que te cuente un secreto: yo era el único que
llevaba uniforme militar.

No fue por accidente.
Ese día, me presenté
listo para dirigir, listo
para hacer el trabajo,
listo para ser el primero.

¿Fue fácil estar al mando?

Nunca.

Nuestro bando no tenía suficiente comida, ropa ni armas.

El otro bando estaba bien alimentado y armado.

Nuestro bando no tenía soldados entrenados. Éramos granjeros y pescadores.

El otro bando era la fuerza armada más poderosa del mundo.

Entonces, ¿cómo fue que ganamos?
Fuimos más inteligentes.

ESCRIBIMOS PLANES CON TINTA INVISIBLE PARA QUE LOS BRITÁNICOS NO PUDIERAN LEERLOS. BRILLANTE, ¿VERDAD? *¡TINTA INVISIBLE!*

MI NOMBRE EN CÓDIGO ERA 711.

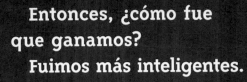

Reunión secreta con 711

Éramos más cautelosos.

LANZÁBAMOS ATAQUES SORPRESA COMO ESTE, EN EL CUAL CRUZAMOS EL RÍO DELAWARE.

Pero lo más importante es que no nos rendimos.

ELLOS LUCHABAN POR UN REY.

Después de que vencimos al ejército británico, se formó un nuevo gobierno.

Yo presidí la convención donde se redactó nuestra constitución, que creó las leyes del nuevo país.

El recién fundado Estados Unidos era libre de explorar su propio futuro.

Ahora teníamos que elegir a nuestro primer presidente.

Alguien valiente.

Alguien fuerte.

Alguien lo suficientemente confiable como para darle todo ese poder.

De nuevo, ¿adivina a quién eligieron?

Algunos decían que ese había sido mi acto más heroico.
En lugar de ponerme de primero, puse mi fe en mi país.
Puse mi fe en ustedes.

Hay muchas maneras de ser líder en la vida.
Puedes ser un líder callado, un líder severo o un líder atrevido.
Pero el liderazgo no tiene nada que ver con estar al mando.
Se trata de cuidar a aquellos que están bajo *tu* mando.

Cuando estés en un puesto de poder, siempre cuida a aquellos que ponen su fe en ti.

Y ábrete tu propio camino, pues, a veces, el sendero más importante es el que nadie ha tomado antes.

Cuando haces eso, abres el camino...

El liderazgo no proviene del
carisma ni la personalidad.
Proviene del valor...
El valor de hacer lo correcto.
El valor de servir a los demás.
El valor de ir de primero.

Soy George Washington.
Hoy me llaman el padre de la patria.
Tengo el valor de hacer lo que nadie más
ha hecho antes.

"Espero poseer siempre... la virtud necesaria para mantener... el carácter de un hombre honesto".
—George Washington

Línea cronológica

22 DE FEBRERO DE 1732	12 DE ABRIL DE 1743	1748	JULIO DE 1752	1754–1763	6 DE ENERO DE 1759
Nace en el condado de Westmoreland, Virginia.	Muere su padre.	Trabaja con Lord Fairfax, midiendo el valle de Shenandoah.	Muere su hermano Lawrence.	Lucha en la Guerra de los Siete Años.	Se casa con Martha Dandridge Custis.

Mount Vernon,
la casa de George

Máscara que
hicieron de la
cara de George
cuando murió

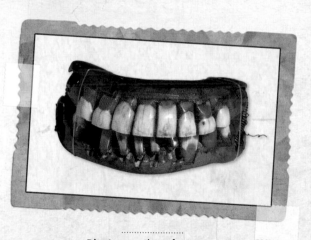

Dientes postizos de George
(¡Qué impresión!, ¿verdad?)

ABRIL DE 1775	15 DE JUNIO DE 1775	25 Y 26 DE DICIEMBRE DE 1776	19 DE OCTUBRE DE 1781	30 DE ABRIL DE 1789	14 DE DICIEMBRE DE 1799	1885
Se inicia la Guerra de Independencia con las batallas de Lexington y Concord.	Es nombrado comandante en jefe del Ejército Continental.	Cruza el río Delaware.	Los británicos se rinden en Yorktown.	Se posesiona como primer presidente de EE. UU.	Muere a los 67 años, en Mount Vernon, Virginia.	Se establece el Día de los Presidentes.

*Para Eli Segal, mi primer jefe en mi
primer trabajo de verdad, el primero que
me enseñó el poder del servicio ciudadano
y el impacto de un gran líder.*

—B.M.

*Para Nate Cosby, quien puso su fe en mí,
se convirtió en mi porrista más importante,
me impulsó a ser un mejor artista; pero,
por encima de todo, alguien a quien
considero parte de mi familia.*

—C.E.

Un agradecimiento especial a Joseph Ellis por su ayuda y sus opiniones.
Gracias también para el valiente líder Simon Sinek.

FUENTES

His Excellency: George Washington, Joseph J. Ellis (Vintage Books, 2004)
Washington: A Life, Ron Chernow (Penguin Press, 2010)
Washington: The Indispensable Man, James Thomas Flexner (Back Bay Books, 1994)
George Washington and Benedict Arnold: A Tale of Two Patriots, Dave R. Palmer (Regnery History, 2006)
Founding Father: Rediscovering George Washington, Richard Brookhiser (Free Press, 1996)

© 2023, Vista Higher Learning, Inc.
500 Boylston Street, Suite 620
Boston, MA 02116-3736
www.vistahigherlearning.com
www.loqueleo.com/us

© Del texto: 2016, Forty-four Steps, Inc.
© De las ilustraciones: 2016, Christopher Eliopoulos

Publicado originalmente en Estados Unidos bajo el título *I Am George Washington* por Dial Books for Young Readers, un sello de Penguin Random House LLC, Nueva York.
Esta traducción ha sido publicada bajo acuerdo con Forty-four Steps, Inc. y Christopher Eliopoulos c/o Writers House LLC.

Dirección Creativa: José A. Blanco
Vicedirector Ejecutivo y Gerente General, K–12: Vincent Grosso
Desarrollo Editorial: Salwa Lacayo, Lisset López, Isabel C. Mendoza
Diseño: Ilana Aguirre, Radoslav Mateev, Gabriel Noreña, Verónica Suescún, Andrés Vanegas, Manuela Zapata
Coordinación del proyecto: Karys Acosta, Tiffany Kayes
Derechos: Jorgensen Fernandez, Annie Pickert Fuller, Kristine Janssens
Producción: Esteban Correa, Oscar Díez, Sebastián Díez, Andrés Escobar, Adriana Jaramillo, Daniel Lopera, Juliana Molina, Daniela Peláez, Jimena Pérez
Traducción: Isabel C. Mendoza

Soy George Washington
ISBN: 978-1-54338-605-9

Retrato de la página 38: Gilbert Stuart (estadounidense, 1755–1828), *George Washington*, 1796–1803. Sterling and Francine Clark Art Institute.

Fotos de la página 39: casa y dientes, cortesía de Mount Vernon Ladies' Association; máscara mortuoria, The Pierpont Morgan Library, Nueva York.

Printed in the United States of America

1 2 3 4 5 6 7 8 9 KP 28 27 26 25 24 23